# Intimidades

## Testamento cantado tranquilamente a la sombra


# Intimacies
## A Quietly Singing Testament in the Shadow

TRÁNSITO DE FUEGO

Colección de poesía

---

Poetry Collection

JOURNEY OF FIRE

# Odeth Osorio Orduña

## INTIMIDADES

### TESTAMENTO CANTADO TRANQUILAMENTE A LA SOMBRA

## INTIMACIES

### A QUIETLY SINGING TESTAMENT IN THE SHADOW

*Norte/Sur*

*Norte/Sur*

Nueva York Poetry Press LLC
128 Madison Avenue, Oficina 2RS
New York, NY 10016, USA
Teléfono: +1(929)354-7778
nuevayork.poetrypress@gmail.com
www.nuevayorkpoetrypress.com

*Intimidades. Testamento cantado tranquilamente a la sombra*
\*
*Intimacies. A Quietly Singing Testament in the Shadow*

© 2020 Odeth Osorio Orduña
© Traducción: Danae Brugiati

ISBN-13: 978-1-950474-72-1

© Coedición: Nueva York Poetry Press * Editorial Norte/Sur

© Colección *Tránsito de fuego vol. 10*
(Homenaje a Eunice Odio)

© Concepto de colección y edición:
Marisa Russo

© Cuidado de edición y prólogo:
Francisco Trejo

© Diseño de interiores:
Luis Rodríguez Romero

© Diseño de portada:
William Velásquez Vásquez

© Fotografías e ilustraciones:
Dilan González

Osorio Orduña, Odeth
Intimidades / Odeth Osorio Orduña; 1a edi— New York: Nueva York Poetry Press, 2020. 110 pp. 5.25 x 8 inch.
1. Poesía mexicana 2. Literatura latinoamericana

Todos los derechos reservados. Esta publicación no puede ser reproducida, ni en todo ni en parte, ni registrada en o transmitida por, un sistema de recuperación de información, en electroóptico, por fotocopia, o cualquier otro, sin el permiso previo por escrito de la editorial, excepto en casos de citación breve en reseñas críticas y otros usos no comerciales permitidos por la ley de derechos de autor. Para solicitar permiso, contacte a la editora por correo electrónico: nuevayork.poetrypress@gmail.com.

Impreso en los Estados Unidos de América.

## PRÓLOGO

Si "el cuerpo es material. Es denso. Es impenetrable. Si se lo penetra, se lo disloca, se lo agujerea, se lo desgarra", como ha dicho Jean-Luc Nancy, Odeth Osorio Orduña, en *Intimidades. Testamento cantado tranquilamente a la sombra*, articula una voz lírica que comunica la desazón desde esta agudeza que, paradójicamente, es el medio para la conservación de la vida. A manera de una crónica testimonial, este libro de la autora poblana nacida en 1988, traslada el lenguaje clínico a la lírica y se inserta en la tradición del binomio poesía y enfermedad, junto a grandes paradigmas mexicanos, como es el caso de *Operación al cuerpo enfermo*, de Sergio Loo, *Poesida*, de Abigael Bohórquez, y *Canto al cáncer*, de Alejandro Aura, por mencionar sólo una terna relevante. En su ópera prima, Osorio Orduña sorprende con variados discursos que van de la lamentación a la meditación, de la súplica a la alabanza y de la evocación a la reconvención. Con inteligencia, el texto descoloca al lector que espera una elegía absoluta frente al padecimiento del carcinoma cervical y del doloroso proceso para contrarrestarlo, porque la disertación en esta obra, ganadora del III Premio Nacional de Poesía Germán List Arzubide 2019, es fundamentalmente una introspección cíclica en la que predominan los indicios de conocimiento, más que el planto de la carne. De este modo, la poeta nos recuerda que el lenguaje poético puede conducir a una propuesta epistémica de valor actual para las subjetividades precarias, dentro de la colectividad. Como todo gran libro, este poemario presenta una transformación trascendente a partir del drama, porque la voz que busca el sol y las calles, al estar sumergida en los estragos de la quimioterapia ("el sol ya no llega a las paredes de mi casa"), no es la misma voz que se sabe diferente y acepta cualquier posibilidad ("volví a levantarme / encendí la luz / porque la habitación estaba oscura"). De esta evolución viene el hermoso título, porque, ya en calma, después del conocimiento adquirido, la voz poética de la mujer que ha logrado "expulsar al invasor", puede sentarse a la sombra, tranquilamente, para cantar su testamento: la intimidad, el nadir del cuerpo, como raíz de dolor, de donde surge la poesía como un árbol ocupado por paserios.

FRANCISCO TREJO

Ciudad de México

## Prologue

Being "the body material. Dense. Impenetrable. If it is penetrated, displaced, torn" as Jean-Luc Nancy has said, then Odeth Osorio Orduña, in *Intimacies, A Quietly Singing Testament in the Shadow*, articulates a lyrical voice that communicates the discomfort against this sharpness that, paradoxically, is the means that preserves life. As a testimonial chronicle, this book by the Puebla-born author, 1988, transforms the clinical language into a lyrical one inserted in the tradition of the binomial poetry and disease, along with great Mexican paradigms, such as *Surgery to the sick body*, by Sergio Loo, *Poesida*, by Abigael Bohórquez, and *A song for Cancer*, by Alejandro Aura, to mention just a relevant shortlist. In her debut work, Osorio Orduña surprises with various ranges of speech, from lamentation to meditation, from supplication to praise and from evocation to rebuke. With intelligence, the text misleads the reader who expects an absolute elegy due to the suffering of cervical carcinoma and the painful process to counteract it, because the dissertation in this work, winner of the III National Germán List Arzubide 2019 Poetry Award, is fundamentally a cyclical introspection in which the signs of knowledge predominate over the cries of the flesh. In this way, the poet reminds us that poetic language can lead to a true valued epistemic proposal for precarious subjectivities, within the community. Like any great book, this collection of poems presents a transcendental transformation based on drama, because the voice that seeks the sun and the streets, being submerged in the ravages of chemotherapy ("the sun no longer reaches the walls of my house"), is not the same voice that knows differently and accepts any possibility ("I got up again / turned on the light / because the room was dark"). From this evolution comes the beautiful title, because, already calm, after the acquired knowledge, the poetic voice of the woman who has managed to "expel the invader", can sit in the shade, quietly, to sing her will: intimacy, the nadir of the body, as the root of pain, from which poetry arises like a tree taken up by birds.

FRANCISCO TREJO

Mexico City

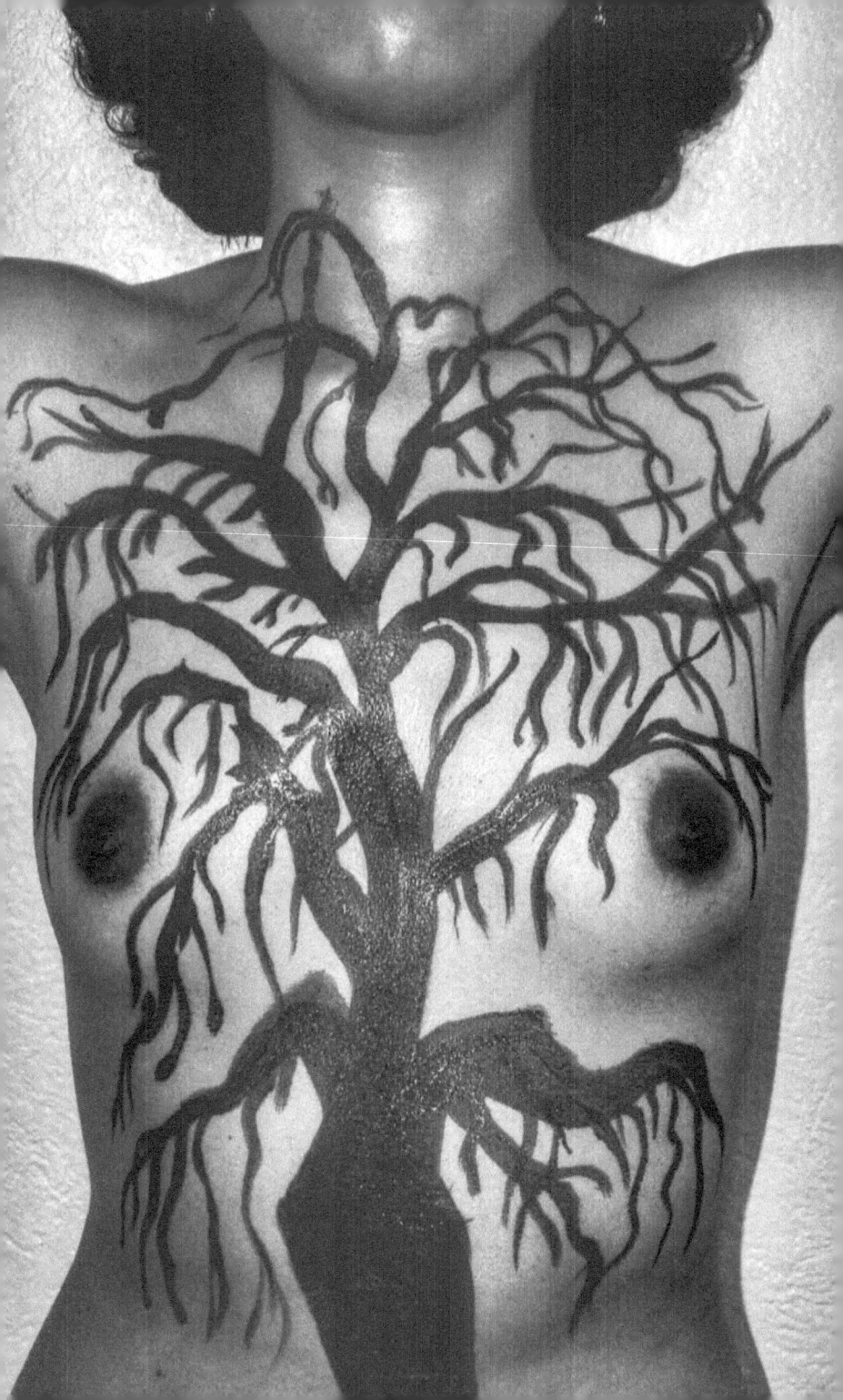

## ALGO QUE SE ACERCA

> *A dónde van las cosas que nos duelen,*
> *las que vivimos así, calladamente,*
> *contando nuestros pasos que se borran.*
> JORGE FERNÁNDEZ GRANADOS

### I.

*Cuando me pregunto lo que realmente sé*
de lo que realmente puedo hablar sin mentir
recuerdo el pinchazo de la aguja
canalizándome el brazo para la quimioterapia

recuerdo a las madres
a los niños y las parejas que esperan afuera

recuerdo los gorros en la cabeza
y las cabezas descansando en el hombro ajeno

recuerdo también las filas
y los turnos
y el archivo

lo recuerdo todo como si fuera ayer
porque fue ayer y sigue pasando hoy
sigue atravesando el cuerpo
enrojeciendo la piel
sigue debilitando la médula
abonando horas en cama
atropellando la voluntad

**II.**

*entre el limbo de la cama y el suero*
orla de pretendida ligereza
se echan raíces inauditas
padecimiento del cuerpo DOLOR

si del cuerpo fuera
si del cuerpo entero fuera el dolor
no se sufriría tanto

pero estas raíces son distintas
se aposentan en las articulaciones
coyunturas de la vida
anidan hasta su nadir
de 14 a 23 días
sus efectos

taxol
cisplatino
arboplatino
topotecan

anomalías
vómitos
espantos

su donativo es corpóreo
tibio
se apoderan del cuerpo

lo hacen otro
lo convierten en extraño
para expulsar al invasor
por eso se sufre
entre la cama y el suero
el sudor de la ropa
pero más las arpas sensibles del nervio
que golpean y golpean y golpean como si quisieran
                                        devolver la vida

si del cuerpo fuera
el dolor lo convertiría en memoria
suya y de nadie más

si del cuerpo entero fuera
se sufriría menos
querer devolverle la vida

## III.

*he sentido ganas de dormir y no despertar*
pero todavía no llega la noche

he sentido ganas de dormir y no despertar
pero bajo la piel entre las venas
se desata la tormenta

solo aquí donde siento la vida

lo que añoré lo que temí
lo que lamento lo que recelo

solo aquí donde siento la vida
a la caza del intruso

solo aquí donde sentimos la vida
de donde viene
un trueque
un baile
una luz legendaria
una oleada de silencio

adentro ahí está el invasor

## IV.

*adelante están las aguas mudas*
colgando de la fuente tirando gotas
cada hora una porción de gotas

después de tres horas
solo se escucha un murmullo aquí y allá
desvaneciéndose
perdido en los callejones de la cama

déjame salir que mi vida pasa entre turnos nuevos
con cada día que nunca termina
hasta que el temblor comienza

mi familia está afuera
pero no toda mi familia
no está mi madre
tampoco mi padre
está esa señora del turbante rojo
que me aconsejó maquillarme para no verme enferma

allá afuera está mi familia
pero no la de sangre sino la otra
la de las venas ardiendo
la del aliento amargo
la de los vómitos
y la piel enrojecida
todas

déjame salir que mi vida pasa entre turnos nuevos
con cada día que nunca termina
hasta que el temblor comienza

## V.

*mi mejor momento de juventud*
no es más que una oleada de preocupaciones

el día se fue y todavía no vi luz
y ahora que vivo mi vida se ha ido

encontré el presagio de la muerte
adherido a mi útero

no busco la vida sino una sombra
bajo las hojas del eucalipto
para renacer como dijo el poeta

renacer otra vez pero más abajo

benditos sean el sufrimiento la inmundicia la discordia
                                                              y el horror
benditas las mentiras la culpa el miedo el infortunio
                                                              y la traición
porque no necesitan ninguna fuente externa
todos vienen de adentro como el carcinoma cervical

por eso no busco la vida sino una sombra
renacer otra vez pero más abajo

## VI.

*arrastro mis pies todos los días*
para llegar a esta cama mía
cierro los ojos y trato de encontrar
el camino de regreso una vez más

no necesito una señal
sé que mis huesos quedan atrás
mi conciencia dejará mi mente
y se evaporará hasta que no quede nada

todo eso lo asumí tardíamente
pero ahora ha sido lo que me trajo de vuelta
el corazón está listo
está dispuesto ahora

cansado de la furia y de la lucha

el corazón está dispuesto ahora
esperando en la fila del tiempo
a que la buena salud se apiade de nosotros

## VII.

*no iré al cielo esta noche*
mi madre llegó antes y ahí se quedó

supongo

esperando a que llegara alguien
para dejar de estar en silencio

se fue pidiendo palabras al cielo
pero todas ya se habían desvanecido
no supo que se fue con el asesino dentro
entre todas las visiones cansadas
de sujetar la memoria al suelo

no iré al cielo esta noche
con un asesino adentro

mi madre se lo llevó antes
lo alejó de este momento

y los creyentes lo negarán
pero al asesino se lo llevó dentro

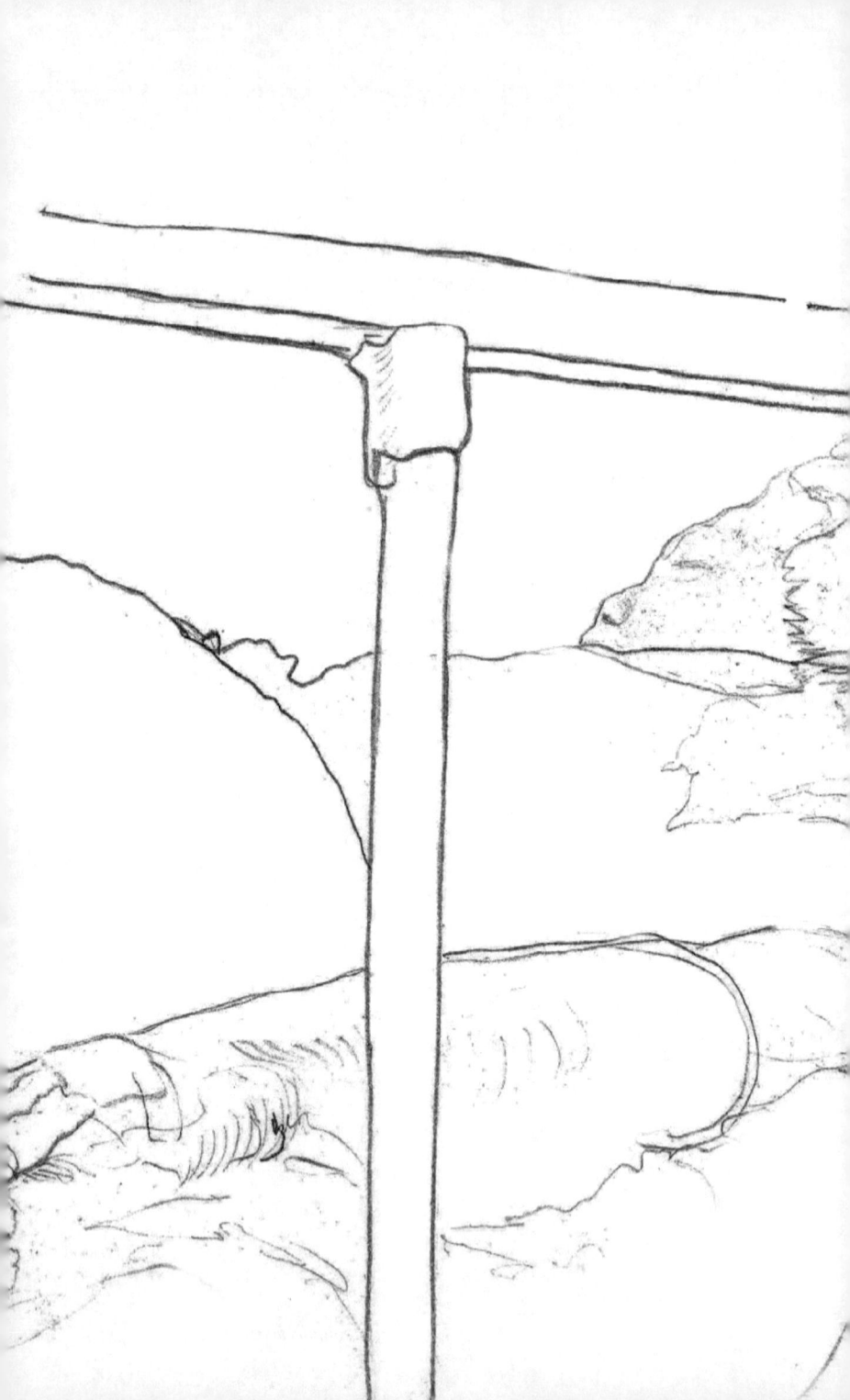

## VIII.

*he aprendido mucho de la terapia*
que mi mente me está cuidando

es difícil

enterró y fingió el olvido del día en que nací
cuando mi madre lloró porque no quiso hijos
pero había que tenerlos

o del día en que embarazada de mí
estuvo de pie entre charcos de agua fangosa
porque se perdió en el bosque

supo desde entonces que sería difícil
que me perdería
que no sabría a dónde ir
que se me apagaría la vida
antes de sentir miedo

pero estoy bien

ahí lo he dicho todo
ahora es tu turno
dime lo que sientes
y lo que has aprendido

que la sabiduría es un truco y la alegría una maldición

## IX.

*reclamaré mi forma y ocuparé un espacio en la plancha*
para sentir el peso del mundo
como si estuviera enterrada en el fango
atrapada en este cuerpo que es un *quitter*

cuerpo mentiroso que se niega la hermosura
porque nunca supo el peso de verse hundido

pero no hay que apresurarse
las horas siguen llegando
el tiempo no puede encontrar la fuerza
ni la necesidad de seguir enterrando recuerdos en la tierra

reclamaré mi forma y ocuparé un espacio
entre el enjambre de cuerpos cosidos

**X.**

*dormí dieciocho horas hoy*
en un bucle sin fin en la cama

después de la caída aun no encuentro el modo de
mantener los pies en la tierra

deja descuidarme en medio de las sábanas
entre las charlas cotidianas vivir
todo por la productividad de las migajas
del pan que el enfermo se lleva a la boca
capricho discreto que me llena de temor y duda

pero he pasado meses en silencio
luego gritaré lloraré y volveré a gritar para luchar
desnuda contra la tormenta
tratando de demostrar
que puedo crear mi propio calor
mi propia salud
y restablecer mi propio cuerpo

pelearé y tal vez
coseré estas heridas
traeré mi útero a la vida nuevamente

**XI.**

*desperté perdida en medio de la granja de antisépticos*
una mujer pequeña
pequeñita
sin sentido de permanencia o pertenencia

desperté perdida y abatida
me puse el nombre de un personaje ficticio
que ocultara todo sobre mi salud
y los embates a los que me había enfrentado
falacias tentadoras

escribí un libro para inventarme
momentáneamente en un mundo
y no tener que quedar presa en la tozudez de las farmacias

ahí está la tragedia familiar
en la que una no para de vivir la vida segunda

todo va siendo frágil y provisorio
cada tanto un corazón un honesto corazón
cuelga de hilos que se deshilachan
por miedo al agotamiento del cuerpo
por miedo a parecerse a las mujeres que nos parieron
porque alguien-algo nos dejó olvidadas
sentadas esperando vivir la vida segunda

## XII.

*descubrí que no soy la jodida mujer que pensé que era*
no me compongo de ideas tampoco de valores
sino de dudas

la incertidumbre me moldea
la espera me atormenta
me convierte en fantasma
que contamina noches e invade sueños

descubrí que soy como mi madre
descubrí que como ella
nací de los huesos más endebles
y de la sangre más espesa

descubrí como mi madre al invasor
casi por accidente
me atormenté porque no sabía cómo expulsarlo
hasta que descubrí que no había nada que expulsar
dejé de buscar puertas y me dediqué a mirar el mar

## AHORA QUE CONOCEMOS EL MITO

> *What happened*
> *is a different reality in everyone's mind,*
> *but the direction we took*
> *tells us the world doesn't end*
> *when we force air out of bones.*
> NATHALIE HANDAL

**I.**

*Esto es una promesa y una trampa*
desde las cortinas limpias el café oscuro
                        hasta los manteles de la mesa
los días se sostienen entre pertrechadas palabras
y todos y los nuestros comiendo la ira del otro
atravesando el muro

pasamos horas imitando la vida
gastamos horas y dinero en mallas
desperdiciamos juventud en la carne sofocante
pintamos minutos de labiales bissú
de esos que manchan la ropa
ofrecemos cárceles suaves

el pecho
el seno
el pezón erguido

en la quietud yacen las voces no habladas
restos silenciados por el golpe del martillo
no había necesidad de colgar la foto
en la que la piel de los rostros es retocada

nunca antes nos vimos tan diferentes
ni cuando las ilusiones de cada mañana
se estrellaban en el cielo ralo
arrastrando el viento que se olvida de llevarnos

por eso hay que colgarla
porque nunca antes ni después
habremos de reconocernos tan diferentes
           ajenos

y así comienza
todos al final caen en la trampa

crees que no
pero lo siguiente que sabes
es que eres un montón de huesos que se derrumban

## II.

*me cansan la calle y la ciudad*
me agotan porque brillan siempre y siempre
                                        hace frío también
me cansan su gente y la gente que no es suya

me canso a mí misma
porque no salgo a la calle
y no salgo porque me cansa el olor a pescado
                                              en cada túnel

también la fila las filas
me cansa esta ciudad porque no hay dónde caminar
correr o gritar para decir y arrancarse la piel que duele

tengo siempre el mismo sueño
escapo siempre todas las noches
del juego de la casita
que me parece un juego muy difícil
siempre hay que tener la caja de cerillos a la mano
por si se nos olvida pedir la bajada

antes se podía fumar dentro
ahora hay que abrir las ventanas
no
la puerta
se fuma afuera
no adentro

como si el tabaco fuera-el-que-fuera
responsable de los linfomas
no
son las colillas
los químicos también
                sí
son las prácticas de intercambio
de 40 por unos chesterfields o faros

sabemos poco del amor después del amor
pero existe
porque la ciudad toda sigue de pie
aunque me canse de verla

## III.

*este es un poema de un minuto*
sobre mí y mi familia
también es un récord
tiempo de espera
para echar abajo las paredes
más allá de la infancia
para soñar hacia atrás
más allá del fin y el comienzo del centro
el corazón de la casa
moviéndose entre estaciones de siempre

hay melodías que nos gustan
porque andan entre nuestros labios
reproduciéndose modesta y dulcemente
pero hay otras que dominan el cuerpo
                                      entre cuerdas brillantes
parpadeando mientras se camina por el mundo añorando
el camino de antes
el sol de antes
la vida de antes

cuando nuestras madres todavía no danzaban
                                              con nosotros
cuando ellas gustaban sus propias melodías
y recordaban a sus madres andando el camino
con canciones otras
las mismas con las que dormimos cada noche

música detenida entre pestañas mojadas
por la lágrima nocturna
de las ganas de no irse
de las piernas enterrándose
de la piel floreciendo cada día

ella mi abuela tú
mi familia a la espera de reunirse
en presencia de todos
zurciendo historias en la ropa

hay melodías que suenan en nuestros labios
por generaciones
otras también se apagan
pero sólo momentáneamente

**IV.**

hace años que intento cruzar la calle
que me separa de casa
pero estas piernas mías
están más enterradas en la aridez del mundo

será que todos se han fugado
ni el pirul permanece
con sus hojas perennes de gran altura
sigue echando raíces lejos de mí

desearía que un día cualquiera
pudiera perderme entre los murmullos de tantas
                                                    bocas ausentes
me gustaría conocerme en los lunares de mi abuela
porque de ella me siento distante

olvidé asomarme entre los rincones del cuarto
para ver si la encontraba hilvanando el espacio
kilómetros y kilómetros de tela

ahora que quiero verte
me es difícil encontrarme
el sol ya no llega a las paredes de mi casa
las cortinas ya no se abren
el color de mis hilos se ha desteñido
pero me queda el canto
incandescente de tu nombre al mediodía
Fortunata

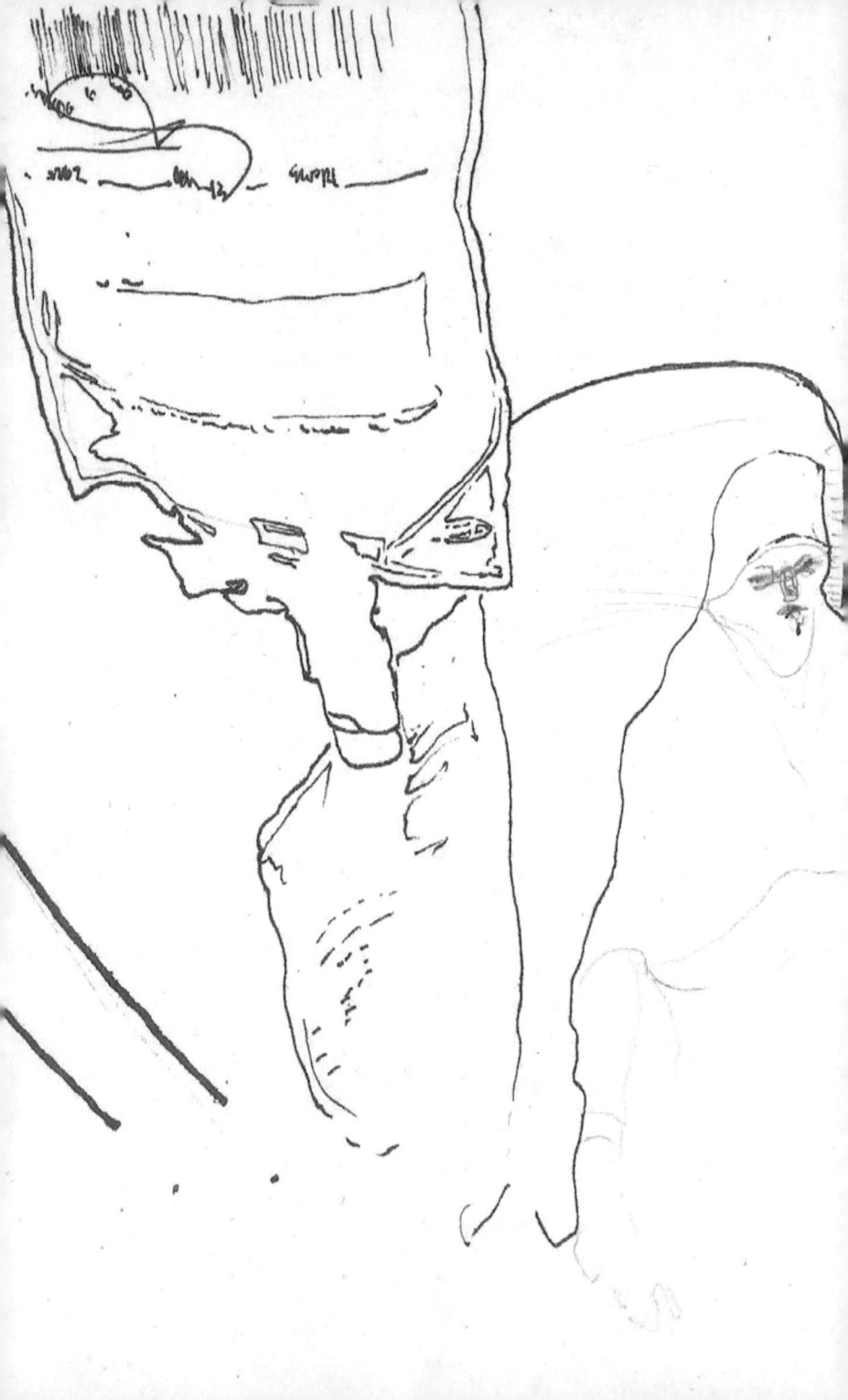

**V.**

*qué es morir de manera singular*
sino en tiempos de lucha
de los pies hinchados
y del cabello frágil
cuando la amargura de los labios se vuelve resistencia

## VI.

*Dios concede todos los deseos a sus hijos*
cartas para la distancia
cartas para alimentar la memoria
cartas para el que se ha cansado de errar
cartas para el futuro

pero ninguna para mí
que me estaba quedando sin aliento
hasta que las vi
partículas suspendidas
de polvo piel y mugre

partículas flotando
entre violeta y gris
mientras dormía

## VII.

*todo*
la vida
parece tan cercana pero no lo es
        nada

en realidad yo también me iré pronto
a algún lugar con oro plata y esas cosas

tal vez no la isla del tesoro
pero podría ser un cuarto del tesoro

¿conoces de ese lugar lleno de luz?
ahí es a donde voy

pero hay serpientes debajo de ese oro
cuentan que hay serpientes en todas partes

no hay necesidad de tanto miedo

¿cuándo fue la última vez
que mi corazón dijo algo?

allí bajo el pirul
donde olvidaste el pañuelo en el piso
porque no supiste si seguir
besando los labios del amor o los del sueño

pero nosotros no aprendemos de la vida
torcemos los senderos
todo el camino por senderos torcidos
hasta el descubrimiento del origen
al que volvemos con los pies desnudos

uno cambia de boca de ojos y de ropa
uno cambia el cuerpo el cabello y la voz
pero no el tiempo
hasta que se detiene el corazón

## VIII.

*cuando nos vamos siempre volvemos atrás*
algún día también me iré y querré volver
para ver lo que el viento no ha podido levantar

a veces caminando me llegan murmullos
del aleteo de mariposas perdidas
extravíos que me recuerdan las calles
dolientes de los barrios añejos

me cuesta irme
porque aún no consigo ser murmullo de versos alegres
después de arrancar las flores de la piel

volar alto y regresar a pisar la tierra
para que no falten las caricias en horas de gritar
los adoquines infestados de *glitter* y puños de ira

volar bajo y volver a cantar entre palabras entretejidas
resplandor incansable que avanza
hasta convertir el alma en mar
que hiela rocas
que nos trae de vuelta
los nombres
las palabras
el canto
para volar alto y regresar

## IX.

*dicen que hay cariños que no pueden darse*
dicen que a falta de caricias se piden favores
para recuperar paso a paso los versos olvidados
como John Ashbery hablando de la luz sobre los árboles

lento dulce y armonioso

pero la piel se me puso amarilla
y casi no te vi al regresar
me eché a dormir entre notas bajas
*our question of a place*
*of origin hangs*
*like a smoke*
todavía

**X.**

*date prisa*
el colibrí de primavera ha dejado de visitarnos
uno tras otro los inviernos se volvieron violetas
moradas las nubes los soles y la hierba
moradas mis manos la boca y mis cabellos

desgasté cadenas añorándote
los cristales se fueron opacando
las flores de los campos no volvieron a nacer
porque te fuiste a no sé dónde
para aprender a ser feliz

prendimos rosas y claveles
para no olvidarte
si pudiera gritar de ti
no nos habríamos ido

perdimos todo
hasta los talismanes de los primeros amores
se nos fueron los besos y con ellos las caricias
a dónde sea que te hayas escondido
a lugares recónditos
sin flores ni colibríes
sin contar de ti

date prisa
atraviesa este muro de piedra
y dejemos la tristeza atrás

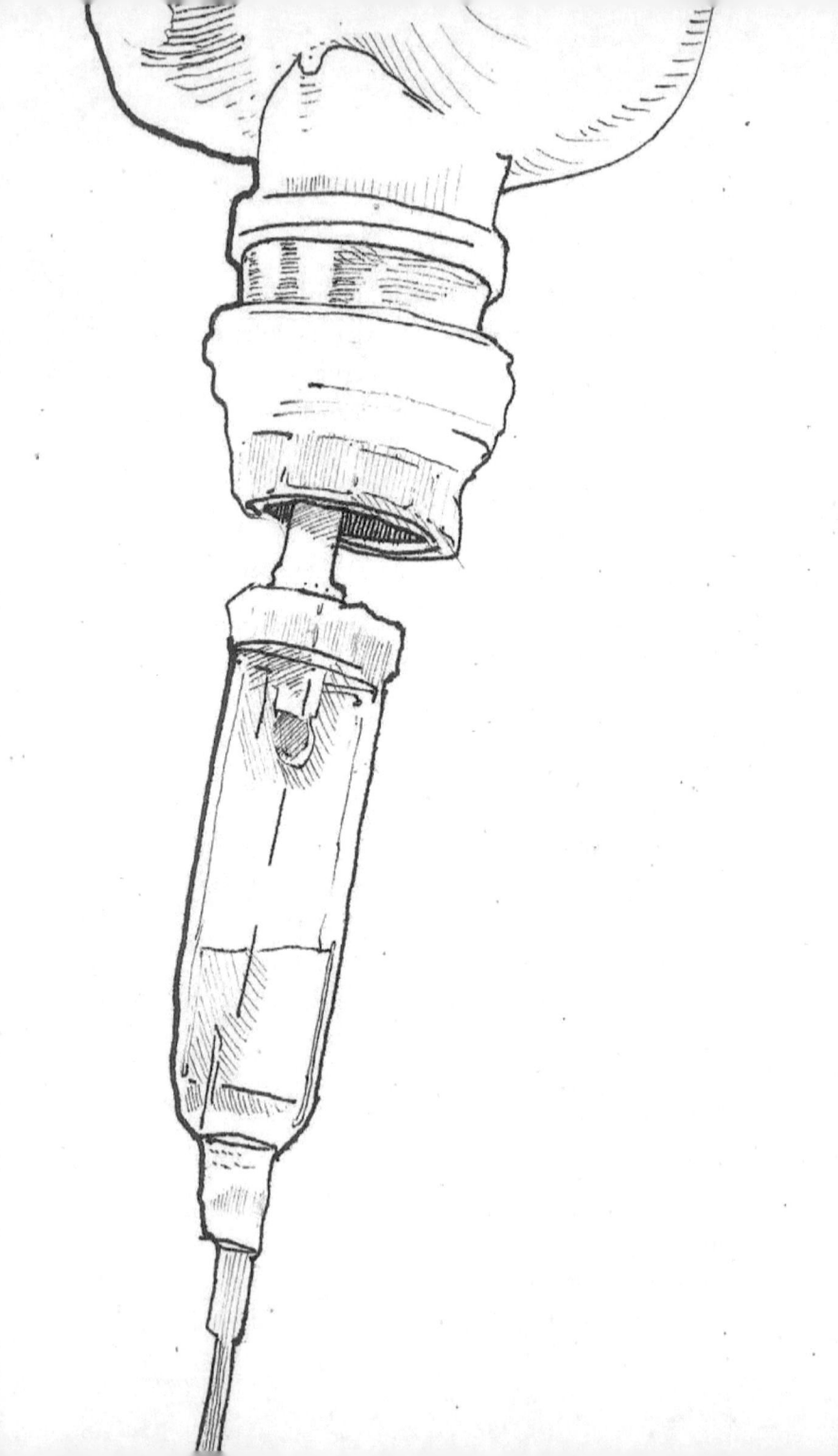

**XI.**

*llegará el otoño a los campos de mi tierra*
y quebrará los pies descalzos
de los caminantes en las montañas

llegará el otoño y se instalará
en la boca ardiente de los rezos
por los que se fueron cruzando muros y nunca volvieron

de lo blanco y de lo negro
esta es mi parte
dócil al viento amargo
rebelde ante las brisas marinas

me cuesta acostumbrarme al frío
queda a un paso el invierno
que nunca veré atravesar

## XII.

*la habitación estaba oscura*
cuando encendí la luz
descubrí que mis dimensiones
sobrepasan las de este mundo

el miedo cubría toda la existencia de las cosas
y volvía sin haber avanzado
con los mismos dolores los mismos hilos
        y los mismos colores

apagué la luz una noche que me había tumbado en cama
ligera por el fluir del fármaco
como un ave libre flotando al aire

otro día levanté la cabeza y vi que estaba sola
        en el mundo
me quedé mirando las partículas suspendidas otra vez
gusté de su delicadeza un tiempo
antes de sentir el tacto húmedo del algodón en la piel
es temible imaginarlo

sé que llegará el turno de la aguja
y me abandonaré a la dulzura del letargo
que atraviesa mis venas lentamente

lo he hecho antes
volví a levantarme
encendí la luz
porque la habitación estaba oscura

## XIII.

*siento que la luz cambia*
no tengo dolor
pero el cielo blanco y las hojas del pirul

mi andar es otro
ahora paseo entre encantamientos mágicos
antes de volverme nube gris
para hacer llover de vez en cuando

# INTIMACIES

## A QUIETLY SINGING TESTAMENT IN THE SHADOW

## SOMETHING IS APROACHING

> *Where do things that hurt go,*
> *those we live by so quietly,*
> *counting our erased steps.*
> JORGE FERNÁNDEZ GRANADOS

### I.

When I wonder what I really know
what I can really talk about without lying
I remember the jab of the needle
channeling my arm for chemotherapy

I remember mothers
children and couples waiting outside

I remember the caps on my head
and heads resting on someone else's shoulder

I also remember the rows
and the shifts
and the file

I remember everything as if it were yesterday
because it was yesterday and it continues happening today
it keeps going through the body
reddening the skin
it continues to weaken the marrow
adding hours in bed
running over the will

*Intimidades / Intimacies*

## II.

*between the limbus of the bed and the serum*
border of pretended lightness
unheard roots are taken
body condition PAIN

if for the body were
if the pain would be in the whole body
you would not suffer so much

but these roots are different
they sit on the joints
junctures of life
nesting the nadir
from 14 to 23 days
of their efects

taxol
cisplatin
arboplatin
topotecan

anomalies
vomiting
frights

their donation is corporeal
tepid
they take over the body

they make it another one
they make it strange
to drive out the invader
that's why you suffer
between the bed and the serum
the sweting of the clothes
but worst is the sensitive harps of the nerve
which beat and beat and beat as if they want
$\qquad\qquad\qquad\qquad\qquad$ to bring life back

if it depended on the body
it would turn pain into its memory
and nobody's else

if it depended on the whole body
you would suffer less
giving it back its life

## III.

*I have felt like sleeping and not waking up*
but the night hasn't come yet

I have felt like sleeping and not waking up
but under the skin among the veins
the storm breaks

only here where I feel life

what I missed what I feared
what I regret what I feel distrust for

only here where I feel life
hunting for the intruder

only here where we feel life
from where it comes
a barter
a dance
a legendary light
a surge of silence

inside there is the invader

**IV.**

*ahead are the silent waters*
hanging from the fountain throwing drops
every hour a portion of drops

After three hours
only a murmur is heard here and there
fading away
lost in the alleys of the bed

let me out my life that passes between new shifts
With every day that never ends
until the shaking starts

my family is outside
but not all my family
my mother is not here
neither my father
there's that lady in the red turban
who advised me to put on makeup so as not to look sick

out there is my family
but not the blood family but the other
the one with burning veins
that of bitter breath
that of vomiting
and that of the reddened skin
all

let me out my life that passes between new shifts
With every day that never ends
until the shaking starts

## V.

*my best moment of youth*
it's just a wave of worries

the day is gone and I still haven't seen the light
and now that I live my life is gone

I have found the herald of death
attached to my uterus

I'm not looking for life but a shadow
under the leaves of the eucalyptus
to be reborn as the poet said

reborn again but lower

blessed be the suffering the filth the discord
                                                          and the horror
blessed the lies the guilt the fear the misfortune
                                                          and the betrayal
because they don't need any external source
they all come from within like cervical carcinoma

that's why I'm not looking for life but a shadow
reborn again but lower

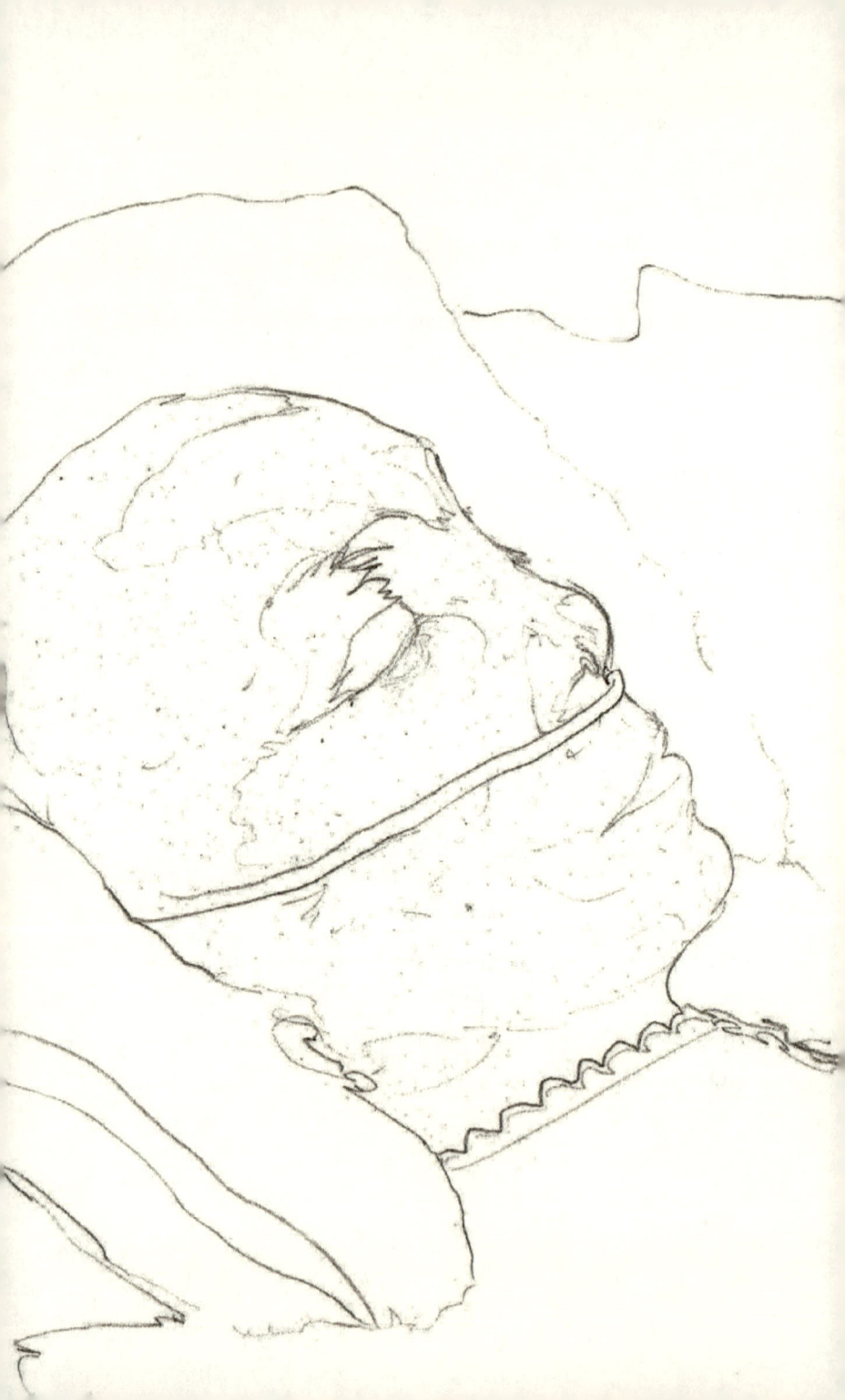

## VI.

*I drag my feet every day*
to get to this bed of mine
I close my eyes and try to find
the way back once more

I don't need a sign
I know my bones are left behind
my conscience will leave my mind
and it will evaporate until nothing is left

all that I belatedly assumed
But now it has been what brought me back
the heart is ready
it is prepared now

tired of the fury and the fight

the heart is ready now
waiting in the queue of time
for good health taking pity on us

## VII.

*I will not go to heaven tonight*
my mother arrived before and there she stayed

I suppose

waiting for someone to arrive
to stop being in silence

she went asking heaven for words
but they were all gone
she didn't know she left with the killer inside
Among all the tired visions
of holding the memory to the ground

I will not go to heaven tonight
with an assassin inside

my mother took it before
took him away from this moment

and believers will deny it
but she carried the murderer inside

## VIII.

I have learned a lot from therapy
as that my mind is watching over me

it's hard

it buried and faked the oblivion of the day I was born
when my mother cried because she didn't want children
but you had to have them

or the day that pregnant with me
stood between puddles of muddy water
because she got lost in the forest

she knew since then that it would be difficult
that I would be lost
that I wouldn't know where to go
that my life would ebb away
before feeling fear

but I'm fine

there I have said everything
now is your turn
tell me what you feel
and what have you learned

that wisdom is a trick and joy a curse

## IX.

*I will claim my shape and occupy a space on the plate*
to feel the weight of the world
as if I were buried in the mud
trapped in this body that is a quitter

this lying body that refuses beauty
because it never knew the weight of being sunk

but there is no need to rush
the hours keep coming
time cannot find strength
nor the need to continue burying memories in the ground

I will claim my form and I will occupy a space
among the swarm of stitched bodies

## X.

*I slept eighteen hours today*
in an endless loop in bed

after the fall I still can't find a way
to keep my feet on the ground

let me neglect in the middle of the sheets
among the daily talks live
all for the productivity of the crumbs
of the bread that the sick person takes to the mouth
discreet whim that fills me with fear and doubt

but I have spent months in silence
then I will scream cry and scream again to fight
naked against the storm
trying to demonstrate
that I can create my own heat
my own health
and restore my own body

I will fight and maybe
I will sew these wounds
I will bring my uterus to life again

## XI.

*I woke up lost in the middle of the farm of antiseptics*
a small woman
tiny
without sense of permanence or belonging

I woke up lost and dejected
I put on the name of a fictional character
who would hide everything about my health
and the onslaughts and tempting fallacies
I had faced

I wrote a book to invent myself
momentarily in the world
and not having to be imprisoned in the stubbornness of
pharmacies

there is the family tragedy
in which one does not stop living the second life

everything is fragile and provisional
every now and then a heart an honest heart
hangs by fraying threads
for fear of body exhaustion
for fear of looking like the women who bore us
because someone-something left us forgotten
sitting awaiting to live the second life

## XII.

*I found out I'm not the fucking strong woman I thought I was*
I'm not made up of ideas or values
but of doubts

uncertainty shapes me
the waiting torments me
it turns me into a ghost
that pollutes nights and invades dreams

I discovered that I am like my mother
I discovered that like her
I was born from the weakest bones
and of the thickest blood

As my mother I discovered the invader
almost by accident
I was tormented because I didn't know how to expel him
until I discovered that there was nothing to eject
I stopped looking for doors and started looking at the sea

# Now That We Know the Myth

> *What happened*
> *is a different reality in everyone's mind,*
> *but the direction we took*
> *tells us the world doesn't end*
> *when we force air out of bones.*
> NATHALIE HANDAL

**I.**

This is a promise and a trap
from clean curtains to dark coffee to tablecloths
the days are held between eqquiped words
and all of us eating each other's anger
breaking through the wall

we spend hours imitating life
we spend hours and money on tights
we waste youth on suffocating flesh
we paint minutes of bissu lipsticks
of those which stain clothes
we offer soft jails

the chest
the breast
the erect nipple

in the stillness lie the unspoken voices
debris silenced by the hammer blow
no need to hang the photo
in which the skin of the faces is retouched


We never looked so different before
nor even when the illusions of every morning
crashed in the thin sky
dragging the wind that forgets to take us

that's why it has to be hanged
because never before or after
we will recognize ourselves so different
foreign
and so it begins
everybody at the end fall into the trap

You do not think so
but the next thing you know
is that you're a bunch of bones that crumbles

## II.

*I get tired of the street and the city*
it exhausts me because it always shines and it's always
cold too
I get tired of its people and the people that do not belong
to it

I am tired of myself
because I don't go out
and I don't go out because I get tired of the fishy smell in
every tunnel

also the row the rows
this city tires me because there is no place to walk
run or scream to say and to tear off the skin that hurts

I always have the same dream
I always escape every night
from the little house game
which I think it's a very difficult game
you always have to held the box of matches at hand
in case we forget to ask for the descent

before you could smoke inside
now you have to open the windows
no
the door
you smoke outside
not inside
as if tobacco was-whatever-it was

responsible for lymphomas
no
the butts are
the chemicals too
          yes
are the practices of exchange
40 for some chesterfields or headlights

we know little about love after love
but it exists
because the city still stands
although I get tired of seeing it

## III.

this is a one minute's poem
about me and my family
it is also a time record
waiting
to tear down the walls
beyond childhood
to dream backwards
beyond the end and the beginning of the center
the heart of the house
moving among usual seasons

there are melodies that we like
because they are between our lips
reproducing themselves modestly and sweetly
but there are others that dominate the body between
bright strings
blinking as you walk longing for the world
the way of time gone
the previous sun
the life past

when our mothers still did not dance with us
when they liked their own melodies
and they remembered their mothers making the road
with other songs
the same ones we sleep with every night
music stopped between lashes wet

by the night tear
by the desire of not leaving
the legs burying
the skin blooming every day

she my grandmother you
my family waiting to reunite
in the presence of all
mending stories in the clothes

there are melodies that sound on our lips
for generations
others also go out
but only momentarily

## IV.

*years I have been trying to cross the street*
that separates me from home
but these legs of mine
stay buried in the barrenness of the world

shall it be that all have escaped
not even the gum tree remains
with its evergreen high-rise leaves
it has rooted away from me

I wish that any given day
I could get lost in the murmurs of so many absent
mouths
I would like to meet myself in my grandmother's moles
because I feel distant from her

I forgot to peek into the corners of the room
to see if I found her reweaving space
kilometers and kilometers of fabric

now that i want to see you
it's hard for me to find myself
the sun no longer reaches the walls of my house
the curtains no longer open
the color of my threads has faded
but I have the incandescent
singing of your name at noon
Fortunata

**V.**

what is dying in a singular way
if not in times of struggle
against swollen feet
and fragile hair
when the bitterness of the lips becomes resistance

## VI.

*God grants all wishes to his children*
letters for distance
letters to feed the memory
letters for the one who is tired of erring
letters for the future

but none for me
who was running out of breath
until I saw them
suspended particles
of skin dust and dirt

floating particles
between violet and gray
while I was sleeping

## VII.

*everything*
life
seems so close but it is not
nothing

actually I'll be leaving soon too
somewhere with gold silver and stuff
maybe not to the treasure island
but it could be a treasure room

Do you know about that place full of light?
There is where I am going

but there are snakes underneath that gold
they say there are snakes everywhere

there's no need for so much fear

when was the last time
that my heart said something?

there under the gum tree
where you forgot the handkershif on the floor
because you did not know whether to continue
kissing the lips of love or those of dream

but we don't learn from life
we twist the trails

all the way down twisted trails
until the discovery of the origin
to which we return with bare feet

one changes eyes and clothes
one changes the body the hair and the voice
but not time
until the heart stops

## VIII.

*when we leave we always go back*
someday I will leave also and want to return
to see what the wind has not been able to lift

sometimes walking I get murmurs
from the wing flapping of lost butterflies
deviations that remind me of the suffering
streets in old neighborhoods

I have a hard time leaving
because I still can't become the whisper of happy verses
after plucking the flowers from the skin

fly high and return to the ground
so caresses will not be missing in hours of screaming
glitter-infested cobblestones and fists of anger

fly low and sing again between interwoven words
tireless glow that advances
until turning the soul into the sea


that freezes rocks
which brings us back
the names
words
the song
to fly high and return

## IX.

*It is said there are love that cannot be given*
It is said that when there are not caresses favors are asked
to recover step by step the forgotten verses
like John Ashbery talking about the light on the trees

slow sweet and harmonious

but my skin turned yellow
and I hardly saw you when I returned
I went to sleep between low notes
our question of a place
of origin hangs
like a smoke
still

## X.

*hurry up*
the spring hummingbird has stopped visiting us
one after another the winters turned violet
purple clouds suns and grass
purple my hands my mouth and my hair

I wore chains longing for you
the crystals were dimming
the flowers of the fields were not born again
because you went to I don't know where
to learn to be happy

we lit roses and carnations
not to forget you
If I could scream from you
we would not have left

we lost everything
even the talismans of the first loves
the kisses left us and with them the caresses
wherever you have hidden
to remote places
without flowers nor hummingbirds
singing about you

hurry up
go through this stone wall
and leave sadness behi

## XI.

*Autumn will come to the fields of my land*
and will break the hicker bare feet
in the mountains

fall will come and settle
in the burning mouth of prayers
for those who crossed walls and never came back

of black and white
this is my part
docile to the bitter wind
rebellious against sea breezes

I find it hard to get used to the cold
winter is one step away
that I'll never see go through

## XII.

*the room was dark*
when i turned on the light
I discovered that my dimensions
surpass those of this world

fear covered the entire existence of things
and returned without having advanced
with the same pains the same threads and the same colors

I turned off the light one night I had lain in bed
lenient due to drug flow
like a free bird floating in the air

another day I raised my head and saw that I was alone in
the world
I stared at the suspended particles again
I liked their delicacy for a while
before feeling the wet touch of cotton on the skin
it's impossible to imagine it

I know the turn of the needle will come
And I will abandon myself to the sweetness of lethargy
that goes through my veins slowly

i have done it before
I got up again
and turned the light on
because the room was dark

## XIII.

*I feel the light changes*
i have no pain
but the white sky and the gum tree leaves

my walk is different
now I walk among magical enchantments
before I become a gray cloud
to make it rain from time to time

## ACERCA DE LA AUTORA

**Odeth Osorio Orduña**. Nació en la ciudad de Puebla, México en 1988. Estudió Lingüística y Literatura Hispánica en la Benemérita Universidad Autónoma de Puebla, la Especialización en Literatura Mexicana del Siglo XX y la maestría en Literatura Mexicana Contemporánea en la Universidad Autónoma de México. Ha colaborado en las revistas *El Camaleón*, *Campos de Plumas*, *Norte/Sur* y en la revista de filosofía *Reflexiones Marginales*. Ganadora del Premio Nacional de Poesía Germán List Arzubide 2019.

## ABOUT THE AUTHOR

**Odeth Osorio Orduña** was born in Puebla, Mexico in 1988. She studied Linguistics and Hispanic Literature at the Benemérita Autónoma University of Puebla, majoring in 20th Century Mexican Literature and a masters in Mexican Contemporary Literature at the Authonomus University of Mexico. She has collaborated in the following magazines: *El Camaleón, Campos de Plumas, Norte/Sur* and at the philosophy magazine *Reflexiones Marginales*. Winner of the National Poetry Award Germán List Arzubide in 2019.

## ÍNDICE / TABLE OF CONTENTS

## INTIMIDADES
### Testamento cantado tranquilamente a la sombra

Algo se acerca · 15
Ahora que conocemos el mito · 18

## INTIMACIES
### A Quietly Singing Testament in the Shadow

Something is Approaching · 37
Now That We Know the Myth · 39

**Acerca del autor** · 87
**About the author** · 88

# Colección
# TRÁNSITO DE FUEGO
### Poesía centroamericana y mexicana
(Homenaje a Eunice Odio)

1
*41 meses en pausa*
Rebeca Bolaños Cubillo

2
*La infancia es una película de culto*
Dennis Ávila

3
*Luces*
Marianela Tortós Albán

4
*La voz que duerme entre las piedras*
Luis Esteban Rodríguez Romero

5
*Solo*
César Angulo Navarro

6
*Échele miel*
Cristopher Montero Corrales

7
*La quinta esquina del cuadrilátero*
Paola Valverde

8
*El diablo vuelve a casa*
Marco Aguilar

9
*El diablo vuelve a casa*
Randall Roque

10
*Intimidades / Intimacies*
Odeth Osorio Orduña

## Colección
## MUSEO SALVAJE
**Poesía latinoamericana**
(Homenaje a Olga Orozco)

1
*La imperfección del deseo*
Adrián Cadavid

2
*La sal de la locura / Le Sel de la folie*
Fredy Yezzed

3
*El idioma de los parques / The Language of the Parks*
Marisa Russo

4
*Los días de Ellwood*
Manuel Adrián López

5
*Los dictados del mar*
William Velásquez Vásquez

6
*Paisaje nihilista*
Susan Campos-Fonseca

7
*La doncella sin manos*
Magdalena Camargo Lemieszek

8
*Disidencia*
Katherine Medina Rondón

9
*Danza de cuatro brazos*
Silvia Siller

10
*Carta de las mujeres de este país / Letter from the Women of this Country*
Fredy Yezzed

11
*El año de la necesidad*
Juan Carlos Olivas

12
*El país de las palabras rotas / The Land of Broken Words*
Juan Esteban Londoño

13
*Versos vagabundos*
Milton Fernández

14
*Cerrar una ciudad*
Santiago Grijalva

15
*El rumor de las cosas*
Linda Morales Caballero

16
*La canción que me salva / The Song that Saves Me*
Sergio Geese

17
*El nombre del alba*
Juan Suárez

18
*Tarde en Manhattan*
Karla Coreas

19
*Un cuerpo negro / A Black Body*
Lubi Prates

20
*Sin lengua y otras imposibilidades dramáticas*
Ely Rosa Zamora

21
*El diario inédito del filósofo vienés Ludwig Wittgenstein /*
*Le Journal Inédit Du Philosophe Viennois Ludwig Wittgenstein*
Fredy Yezzed

22
*El rastro de la grulla / The Crane's Trail*
Monthia Sancho

23
*Un árbol cruza la ciudad / A Tree Crossing The City*
Miguel Ángel Zapata

24
*Las semillas del Muntú*
Ashanti Dinah

25
*Paracaidistas de Checoslovaquia*
Eduardo Bechara Navratilova

26
*Este permanecer en la tierra*
Angélica Hoyos Guzmán

27
*Tocadiscos*
William Velásquez

## Colección
## PIEDRA DE LA LOCURA
**Antologías personales**
(Homenaje a Alejandra Pizarnik)

1
*Colección Particular*
Juan Carlos Olivas

2
*Kafka en la aldea de la hipnosis*
Javier Alvarado

3
*Memoria incendiada*
Homero Carvalho Oliva

4
*Ritual de la memoria*
Waldo Leyva

5
*Poemas del reencuentro*
Julieta Dobles

6
*El fuego azul de los inviernos*
Xavier Oquendo Troncoso

7
*Hipótesis del sueño*
Miguel Falquez-Certain

8
*Una brisa, una vez*
Ricardo Yañez

9
*Sumario de los ciegos*
Francisco Trejo

10
*Los caballos del miedo / The Horses of Fear*
Enrique Solinas

Colección
# MUNDO DEL REVÉS
**Poesía infantil**
(Homenaje a María Elena Walsh)

**1**
*Amor completo como un esqueleto*
Minor Arias Uva

**2**
*Del libro de cuentos inventados de mamá*
Marisa Russo

\*\*\*

Colección
# LABIOS EN LLAMAS
**Poesía emergente**
(Homenaje a Lydia Dávila)

**1**
*Fiesta equivocada*
Lucía Carvalho

**2**
*Entropías*
Byron Ramírez Agüero

**3**
*Reposo entre agujas*
Daniel Araya Tortós

Colección
**SOBREVIVO**
**Poesía social**
(Homenaje a Claribel Alegría)

1
*#@nicaragüita*
María Palitachi

\*\*\*

Colección
**CRUZANDO EL AGUA**
**Poesía traducida al español**
(Homenaje a Sylvia Plath)

1
*The Moon in the Cusp of My Hand /*
*La luna en la cúspide de mi mano*
Lola Koundakjian

## Colección
## LOS PATIOS DEL TIGRE
**Nuevas raíces – Nuevos maestros**
(Homenaje a Miguel Ángel Bustos)

1
*Fragmentos Fantásticos*
Miguel Ángel Bustos

2
*En este asombro, en este llueve*
*Antología poética 1983-2016*
Hugo Mujica

3
*Bostezo de mosca azul*
Álvaro Miranda

\*\*\*

## Colección
## PARED CONTIGUA
**Poesía española**
(Homenaje a María Victoria Atencia)

1
*La orilla libre / The Free Shore*
Pedro Larrea

2
*No eres nadie hasta que te disparan /*
*You are nobody until you get shot*
Rafael Soler

Para los que piensan, como Abigael
Bohórquez, que *el hombre es del tamaño
de su sueño y del tamaño de su libertad*,
este libro se terminó de imprimir en
abril de 2020 en los Estados Unidos
de América.

www.ingramcontent.com/pod-product-compliance
Lightning Source LLC
Chambersburg PA
CBHW030120170426
43198CB00009B/687